Les Chroniques
d'une fille indigne

Caroline Allard   Francis Desharnais

LES CHRONIQUES D'UNE FILLE INDIGNE

J'AI VRAIMENT DES PARENTS DE BASE

HC

hamac-carnets

Les éditions du Septentrion remercient le Conseil des Arts du Canada et la Société de développement des entreprises culturelles du Québec (SODEC) pour le soutien accordé à leur programme d'édition, ainsi que le gouvernement du Québec pour son Programme de crédit d'impôt pour l'édition de livres. Nous reconnaissons également l'aide financière du gouvernement du Canada par l'entremise du Fonds du livre du Canada (FLC) pour nos activités d'édition.

Hamac est une division des éditions du Septentrion

Chargée de projet : Sophie Imbeault

Révision : Fleur Neesham

Si vous désirez être tenu au courant
des publication de HAMAC
vous pouvez nous écrire à info@hamac.qc.ca,
ou consulter notre catalogue sur Internet :
www.hamac.qc.ca

© Les éditions du Septentrion
1300, av. Maguire
Québec (Québec)
G1T 1Z3

Dépôt légal :
Bibliothèque et Archives
nationales du Québec, 2013
ISBN papier : 978-2-89448-760-0
ISBN PDF : 978-2-89664-812-2
ISBN EPUB : 978-2-89664-813-9

Diffusion au Canada :
Diffusion Dimedia
539, boul. Lebeau
Saint-Laurent (Québec)
H4N 1S2

Ventes en Europe :
Distribution du Nouveau Monde
30, rue Gay-Lussac
75005 Paris, France

Vente de droits :
Mon agent et compagnie
Nickie Athanassi
173 et 183 Carré Curial
73000 Chambéry, France
www.monagentetcompagnie.com

À Clémentine, Mathilde, Béatrice
et surtout, il faut bien le dire, à Emma.
– Caroline

À tous les enfants de mes amis.
Un peu d'inspiration pour animer
les prochains soupers.
– Francis

Introduction

Chères lectrices et chers lecteurs indignes,

Vous l'aviez remarqué, vous aussi, n'est-ce pas? Les enfants, ça n'a aucune classe.

Primo, ça se décrotte le nez n'importe où et n'importe quand. Quand comprendront-ils qu'il ne faut *jamais* se fouiller dans le nez, sauf si on est au volant d'une voiture et que la lumière est rouge?

Secundo, les enfants, ça s'habille n'importe comment. L'autre jour, dans la cour d'école, j'ai vu une fillette se promener avec des vêtements qui étaient tous trop petits et dont le mélange de couleurs aurait fait saigner des yeux un aveugle. Bon, je sais, on devrait vraiment le mettre au point cet autocollant «C'est papa qui m'habille». Mais tout de même, est-ce trop demander aux générations futures que d'avoir un instinct vestimentaire minimal?

Et *tertio*, c'est horriblement sournois, ces petites créatures. Pendant les premières années, ils nous laissent rigoler à leurs dépens, nous amuser de leurs sales manies, comme remplir des couches, ne jamais dormir la nuit et croire au père Noël. On écrit des chroniques pour mieux se moquer d'eux et on rit, on rit! La belle vie, quoi. Et puis, tout à coup, ils se mettent à parler et il faut se rendre à l'évidence. *Ils sont plus drôles que nous.* Quel manque de savoir-vivre!

Mais vous me connaissez, mes chers amis. Je suis une survivante. D'accord, ma fille est plus drôle que moi. Eh bien, tant pis pour elle! J'ai tout pris en note pour vous en faire profiter, et voici ce que ça donne: *Les Chroniques d'une fille indigne.*

Comme vous le verrez, Lalie a l'esprit tordu, elle manque totalement de respect à l'égard de quiconque ne partage pas ses opinions et elle est obsédée par tout ce qui concerne les crottes. Les mauvaises langues – coucou Père indigne! – disent que c'est le portrait tout craché de sa mère.

Amusez-vous bien et surtout, réjouissez-vous. Car selon mon instinct maternel (et mon carnet de notes), il risque d'y avoir un tome 2.

Amitiés,
Mère indigne

TROP, C'EST TROP

LA PRISE DU DIVAN

ÇA URGE

TROP AIMABLE

SUPER LALIE

UN ANGE PASSE

VINTAGE

LUCIDITÉ

ÇA TOMBE MAL

WORK-IN-PROGRESS

ÉGOÏSTE

CONTRÔLE D'IDENTITÉ

Bonjour, ma belle! Je suis madame Ginette, ton professeur de première année.

Moi, je suis femelle et Québécoise. Mais tu peux m'appeler par un de mes cinq prénoms:

Lalie
Ariel-Dorothée
Mélodie-Hirondelle
Aurore
Ou Marie-Noël

ANATOMIE 101

LE CLOWN RORO

PETIT DÉTAIL 2

PAS FACILE

25

JE N'IRAI PAS LA CHERCHER

MOTS DOUX

ÇA SE SOIGNE?

CONTRE NATURE

ROUGE PASSION

ON POURRAIT LE FAIRE RASER

LOGIQUE 1

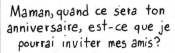
Maman, quand ce sera ton anniversaire, est-ce que je pourrai inviter mes amis?

Euh, pourquoi?

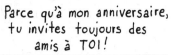
Parce qu'à mon anniversaire, tu invites toujours des amis à TOI!

LOGIQUE 2

INHABITUEL

MISS MÉTÉO

Dis donc, Lalie, tu vas continuer longtemps comme ça?

Aucune idée. Je sais pas ce qu'ils annoncent aujourd'hui à la météo des pets.

PRÉVISIONS À LONG TERME

COMPASSION

AU BOULOT

ILS DISENT TOUS ÇA

LE CRITÈRE

STATUE!

PAS DE DOUTE POSSIBLE

TANT QU'À FAIRE

LAISSE-MOI T'EXPLIQUER

C'est quoi le vrai nom du Capitaine Flam?

Curtis Newton

Non, je veux dire son VRAI nom, dans la VRAIE vie, quand ils filment avec des vraies personnes.

Tu sais, avant qu'ils appuient sur le bouton « filmage en petits bonshommes. »

MAIS ELLES SONT TOUTES MÉCHANTES!

ÇA REGARDE MAL

PAS D'OPTIONS

AMBITION

LOGIQUE 3

Les filles ont peur de Spigerman. Les garçons n'ont pas peur de Spigerman.

Mais non, voyons. Les filles n'ont pas plus peur de Spiderman que les garçons.

On dit SpiGERman. Et moi, j'ai PEUR de Spigerman. Les garçons n'ont PAS PEUR de Spigerman.

Je n'ai pas peur de Spigerman.

TU ES UN GARÇON!!

LA PART DU RÊVE

ALLERGÈNE

FAMILLE ÉLARGIE

RESTONS ZEN

NOMBRILISME

I'M BAD

LA BONNE AVENTURE

BEAUTÉ NATURELLE

C'EST POURTANT PAS COMPLIQUÉ

Est-ce que je peux t'appeller mamie?

Quand tu auras des enfants, ce sont eux qui m'appeleront mamie.

MAIS MOI JE NE VEUX PAS D'ENFANTS!

ET JE VEUX T'APPELLER MAMIE!

Bon, d'accord! Appelle-moi mamie.

MAIS JE VEUX QUE TU SOIS ENCORE MA MÈRE!!

Mais oui! Tu peux m'appeller maman ET mamie. Ça te va, ça?

Oui... Et toi, tu peux m'appeller Ariel-Dorothée.

Et je serai ton chien police-fille.

LE PIÈGE

PROFESSIONNALISME

OSTRACISME

C'EST RIEN

TERRITOIRES INHOSPITALIERS

J'ACCUSE

DUR VERDICT

J'AI DIT «BELLE»

DÉMOCRA-QUOI?

71

PROBLÈME TECHNIQUE

IL NE POURRA PAS COUCHER DANS TON LIT

D'UNE PIERRE DEUX COUPS

Tu vois, Maman, j'ai fait un plan au cas où un voleur voudrait venir chez nous pour voler mon certificat de l'école et une fourchette.

Je vais l'attendre...

...cachée avec une hache.

Et quand le voleur va vouloir repartir, je vais lui couper la jambe!

Bon plan!

Surtout qu'ensuite, on va pouvoir la manger.

TECHNONULLE

ELLE A TOUT COMPRIS

Ça, c'est notre gâteau de mariage...

Et ça, c'est papa et moi en train de danser.

Moi, je ne sais pas encore contre qui je vais me marier.

RÉFORME

LALIE RÉALISATRICE

L'AN PROCHAIN, PEUT-ÊTRE

UNE GRANDE SENSIBLE

TU COMPRENDS RIEN

BEAUCOUP DE MALHEUR

DÉCOMPTE

RIEN DE PERSONNEL

JE ME VENGERAI

BABINE

BIEN ESSAYÉ

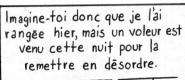

LA QUÊTE

GOÛT AMER

FAMILLE ÉLARGIE

QUELLE FAMILLE

ET UN CHANDAIL AUSSI

LE CIRQUE

LE DÉFI

LE DÉFI 2

C'EST PAS DU JEU

LE DÉFI 3

LE DÉFI FINAL

PERSUASION

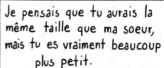

Tu sais que tu es plutôt petit, toi, Charles?

Je pensais que tu aurais la même taille que ma soeur, mais tu es vraiment beaucoup plus petit.

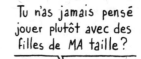

Tu n'as jamais pensé jouer plutôt avec des filles de MA taille?

DOPAGE

INTUITION

C'est bizarre... j'ai trouvé un livre où il y avait une princesse et DEUX princes charmants.

As-tu fouillé dans les tiroirs de papa?

CETTE VOIX QUE J'AI

ON EST BIEN PEU DE CHOSES

J'AIME

JUMEAUX COSMIQUES

As-tu des projets pour tes vacances?

Toucher un cerveau humain!

Poc!

ET PUIS QUOI, ENCORE?

DANS LE DOUTE

JE NE LA CONNAIS PAS

RISK

MIEUX VAUT PRÉVENIR

UN PEU LONGUE POUR UN CHIEN POLICE

FREUD SKYWALKER

LA RÈGLE D'OR

LOGIQUE 4

LALIE, SI TU CONTINUES, TU VAS AVOIR UNE PUNITION!

Je suis une FILLE! Je peux pas avoir de PUNISSE!

TÉLÉPATHE RATÉE

MISE AU POINT

EN PLUS, C'EST PAS CONFORTABLE

LE CALENDRIER 1

J'ai décidé d'avoir mon propre calendrier!

Aujourd'hui, je suis le 12 juin. Vous autres, vous êtes le quoi?

Tu peux PAS avoir ton propre calendrier, ça ne se peut pas. Tous les humains vivent à la même date.

Tu comprends rien. Y'a ce qu'il y a dans MA tête, et ce qu'il y a dans TA tête.

LE CALENDRIER 2

Aujourd'hui, selon mon calendrier je suis le samedi 23 décembre.

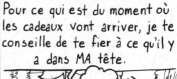

Oouuuuuhh!

C'est bientôt Noël!

Pour ce qui est du moment où les cadeaux vont arriver, je te conseille de te fier à ce qu'il y a dans MA tête.

LE CALENDRIER 3

LE CALENDRIER 4

J'AI COMPRIS, J'ARRÊTE

ESSAYE PAS

INTELLIGENCE 101

Je vais t'hypnotiser et tu vas tomber amoureuse de moi.

<u>Ça y est...</u>
Je suis hypnotiséēēēēēēēe...

VOYONS! Tu peux pas dire ça!
T'es hypnotisēe, alors tu sais
PAS que t'es hypnotisée.

TU COMPRENDS
RIEN OU
QUOI?

snif!

CALME TON ENTHOUSIASME

PORTRAIT FIDÈLE

JE VOUS RÉPONDRAI PAR
LA BOUCHE DE MA MAMAN.

TEL QUE VU...

ON LE COMPREND

MEILLEURE CHANCE LA PROCHAINE FOIS

C'EST DONC À ÇA QUE ÇA SERT

GANGSTA LALIE

SALE TEMPS

Aujourd'hui, madame Ginette nous a demandé de composer nous-mêmes un petit texte.

MAMAN DIT À LE BÉBÉ : TU ES SALE. MON PAPA EST TOUT SALE. LALIE DIT À SON PAPA : JE T'AIME BEAUCOUP. PAPA ME DIT QUE JE SUIS SALE. JE SUIS UNE TABLE DE SALON. LE CHAT SE COUCHE SUR MOI. LE CHAT EST SALE. LA TABLE EST SALE...

... SALE, SALE, SALE !

Et voici un mot de madame Ginette qui aimerait te rencontrer.

DUR VERDICT

COLLATION

PLUS BESOIN DE PRISONS

HUMILITÉ

Aujourd'hui en classe, j'ai dit
«Hey! Le scrapbook!» et là le
professeur a dit «Mais oui! Le
scrapbook» alors je me suis dit
«Wo, dis donc, je suis intelligente
ou quoi?»

Tu es très
intelligente.

Mais parfois,
je ne suis pas
très intelligente.

Je n'ai jamais
remarqué ça.

Moi non plus.
Mais ça doit arriver.

LE GOÛT DES AUTRES

Maman, c'est fou, ces temps-ci, j'ai vraiment envie de manger un humain. Mais pas des gens de ma famille ou des amis. Juste un inconnu.

Tu ne préférerais pas quelqu'un que tu connais? Sinon, tu ne sais pas ce que tu manges, c'est un peu dégoûtant.

Ne me regarde pas comme ça.

LA MORT D'UNE BONNE BLAGUE

NUANCE

PASSONS À AUTRE CHOSE

Ça serait trop chouette si au lieu d'aller à l'école, on pouvait rester à la maison pour apprendre les choses!

C'est possible. Il y a des enfants qui restent à la maison et leurs parents leur font l'école.

Mais...

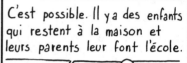

POURQUOI TU FAIS PAS ÇA??? QUI VEUT DU DESSERT?

SUIS-JE BÊTE

DESTIN INHUMAIN

LE SINGE SAVANT

ENCLOS DU
MACAQUE À BONNET

Les livres de Caroline Allard ont fait parler d'eux

Pour en finir avec le sexe

« On rigole un bon coup, et surtout, on se décomplexe à la lecture de *Pour en finir avec le sexe*, de la mère indigne Caroline Allard et de la bédéiste Iris. C'est qu'elles font la vie dure aux tabous, ces deux-là ! À grands coups d'explications loufoques et d'exercices rigolos, elles déconstruisent les idées reçues, mettent en boîte nos inhibitions judéochrétiennes et abordent sans gêne toutes les facettes de notre sexualité. Une lecture divertissante, hilarante. »

Véronique Alarie, *Elle Québec*

Dans ses *Chroniques d'une mère indigne,* Caroline Allard nous avait fait mourir de rire en nous déculpabilisant face à la maternité parfaite. Son livre sur le sexe nous déculpabilise face à la sexualité parfaite. »

Sophie Durocher, *Journal de Montréal*

«Elle nous a fait hurler de rire avec ses confidences de mauvaise mère. L'ex-mère indigne revient en force avec un ouvrage qui détonne – mais pas tant que ça finalement –, portant exclusivement sur le sexe. Car s'il est un sujet où le sérieux est généralement au rendez-vous, c'est bien celui-là. Alors à go, on se dit les vraies affaires, et surtout, on se permet enfin d'en rire!»

Silvia Galipeau, *La Presse*

«Un ouvrage qui dédramatise la sexualité en usant de beaucoup d'humour. Réalisé en collaboration avec l'illustratrice Iris, ce livre, à mi-chemin entre le magazine et la BD, est un règlement de compte avec cette chose qui nous met tant de pression dans la société.»

Rachelle McDuff, *Journal Métro*

«J'ai éclaté de rire, plein de fois, pour de vrai, à gorge déployée. Le genre d'éclats de rire qu'on a envie de partager. C'est ce qui m'a en tout cas motivé à vous encourager à feuilleter ce bouquin sorti il y a quelques mois, mais qui devrait toujours être d'actualité dans 15 ans.»

Nicolas Fréret, *Canoë*

«Dans une société où la performance sexuelle est de mise, ce livre arrive comme un vent de fraîcheur avec toutefois quelques propos, disons surprenants, ou choquants pour les yeux chastes. Pudiques, s'abstenir, les autres, donnez-vous en à cœur joie et riez du sexe à gorge déployée, avant, pendant et après vos ébats!»

Marie-Josée Turgeon, *Sympatico.ca*

«C'est un livre irrévérencieux, cru et drôle, jamais vulgaire. Un livre à offrir à tous vos ami(e)s.»

Sylvia Hamel, *Planète Québec*

Les Chroniques d'une mère indigne 2

«Mères indignes de ce monde, réjouissez-vous: Caroline Allard récidive avec *Les Chroniques d'une mère indigne 2*, où l'on retrouvera Mère indigne et sa tribu. Le résultat: drôle et grinçant comme le tome 1, avec un brin de cruauté pour pimenter cette soupe déjà savoureuse à souhait. Tout au long des chapitres, on se prend à rire à gorge déployée. Pas de doute, Caroline Allard répond à un besoin pressant, en cette ère où être parent n'a jamais été aussi stressant: cessons de nous prendre la tête! Un bonheur de lecture.»

Marie-Claude Fortin, *Entre les lignes*

«Drôles et savoureuses mais avec un zeste de piquant. Mères indignes, à lire absolument!»

Louise Chevrier, *La Terre de chez nous*

«Un livre essentiel pour passer à travers les premiers mois de la maternité ou paternité!»

Pierre Blais, *Avant 9 heures tout est possible (CKRL)*

«Vacances en famille? On prend alors quelques moments pour savourer l'humour délicieux de Caroline Allard.»

Jade Bérubé, *La Presse*

« Toutes les mamans se reconnaîtront dans une ou plusieurs aventures du quotidien que l'auteur dépeint avec beaucoup de détails délirants. »

Canoë, *Espace Parent*

« Elle nous décoince dans notre façade de « Madame Parfaite » que l'on désire projeter... mais qui, il faut bien l'admettre, subit quelques revers. »

Julie McNicoll,
Le radio magazine (SRC Abitibi-Témiscamingue)

« Le véritable talent de Caroline Allard réside dans le point de vue qu'elle a choisi de développer et qui gravite autour de l'un des derniers tabous de notre société: la dignité des mères et l'image qui l'accompagne. Le style alerte de l'auteure donne à ces images instantanées de la vie quotidienne une allure à contre-courant des idées reçues sur la maternité et de la rectitude politique à la mode. »

Jean-François Crépeau, *Le Canada français*

« J'ai lu avec beaucoup de plaisir les deux tomes des *Chroniques d'une mère indigne*. Que l'on ait ou non des enfants, il s'agit d'une lecture tout à fait irrésistible. C'est drôle, c'est bien écrit et surtout c'est tellement jouissif de s'apercevoir que d'autres parents – des parents indignes – sont aussi fous que nous. Caroline Allard écrit tout haut ce que nous pensons tout bas. Un pur bonheur. »

Pierre Turbis, *FM 103,3 (Longueuil)*

« Ce deuxième tome des *Chroniques d'une mère indigne* est aussi drôle et original que le premier. »

Caroline Larouche, *Le Libraire*

Les Chroniques d'une mère indigne

« Ici, pas de récit à fleur bleue. La vie de Mère indigne se passe dans les pleurs, la morve, la vie de couple bouleversée et un quotidien souvent barbant. De ses propres mots, Mère indigne a « des idées impures », qu'on prend plaisir à partager. Les chroniques d'une mère indigne ne sont pas un roman : c'est une suite de clichés polaroïds qui brassent les convictions. Et c'est sympathique à souhait, malgré le ton résolument grinçant. »

Cindy Lévesque, *Le Nouvelliste*

« Ceux qui n'ont pas connu Mère indigne dans sa version virtuelle auront le plaisir de découvrir une auteure hyper drôle qui relate les tribulations de sa petite famille avec une justesse étonnante. À lire pendant que les enfants se gavent de crème glacée chez la voisine d'en face... »

Tout simplement Clodine

« Caroline Allard, l'indigne *mater*, cache sous sa jaquette des bribes de vie délicieusement acidulées. Entre un dialogue avec Fille aînée sur les mystères de la vie et une confession sur le sexe après bébé, *Les Chroniques d'une mère indigne* est rendu, dans le format du livre, sous sa meilleure expression. »

Émilie Folie-Boivin, *Le Devoir*

Les livres de Francis Desharnais

Avec Pierre Bouchard, *Motel Galactic*, t. 1 à 3, Québec, éditions Pow Pow, 2011, 2012, 2013.

Burquette, t. 1 et 2, Montréal, Éditions Les 400 coups, collection [strip], 2008 et 2010.

Dans la même collection

H
hamac

Dans la collection Hamac

CET OUVRAGE EST COMPOSÉ EN WARNOCK CORPS 11,5
SELON UNE MAQUETTE RÉALISÉE PAR PIERRE-LOUIS CAUCHON
ET ACHEVÉ D'IMPRIMER EN JUILLET 2013
SUR LES PRESSES DE L'IMPRIMERIE MARQUIS
À MONTMAGNY
POUR LE COMPTE DE GILLES HERMAN
ÉDITEUR À L'ENSEIGNE DU SEPTENTRION